atelier de receitas

André Boccato & Equipe CookLovers

Entradinhas

para receber amigos

Cook Lovers

Entradinhas para receber amigos

Duas das mais triviais virtudes humanas, a hospitalidade e a confraternização, são fáceis de pôr em prática, não causam desconforto, nem aquele sentido de renúncia ou "sacrifício" que se costuma entender por virtude - muito pelo contrário: sendo que ainda nos dão prazer e a oportunidade de compartilhar bons e alegres momentos com aqueles que nos são caros. A mesa, no sentido mais amplo, costuma ser o "altar" ideal para o exercício de tais virtudes. Convidar os amigos para um descontraído ritual de confraternização, entremeado de deliciosos petiscos, ou saborosas comidinhas, pode ser uma das mais gratificantes experiências, sempre ao nosso alcance.

Por tudo isso, este mais recente lançamento da coleção *Atelier de Receitas* visa propiciar e facilitar suas melhores e mais virtuosas intenções e ações nesse sentido. Entendemos que o ritmo de vida cosmopolita e contemporâneo exige praticidade e agilidade. Portanto, a seleção de receitas deste volume se ocupa exclusivamente das "entradinhas", ou *finguer-food*, ou ainda aquilo que os espanhóis espertamente denominam de *tapas* – e que nós, brasileiros, passamos a incorporar com tanto entusiasmo.

Mesmo com todas as boas-intenções em proporcionar aos seus convidados momentos deliciosamente gulosos e fraternos, sabemos que pode faltar ideia do que preparar para oferecer. *"Entradinhas para Receber Amigos"* está aqui para isso mesmo, para ajudar com uma seleção de 26 sugestões de petiscos variados, que vão das bruschettas aos patês, dips, molhinhos, mousses e muito mais!... Todas muito práticas, facílimas de preparar, surpreendentemente modernas, mas com insuperável "conteúdo"...

Que tal uma *Manteiga New York*, manteiga aromatizada com sálvia, salsa e alho, para perfumar aquela torradinha ou pão-sueco? Ou uma versão simplificada da tradicional *Coalhada Seca*, com aquele pão-sírio que ninguém resiste? Quer aprender a preparar um versátil patê de fígado, ou o *Fegatine*, que tanto sucesso faz entre os mais endeusados couverts? Pois aqui também tem! E mais: *Alichela, Dip de Curry*, ou de *Blue Cheese, Patê de Salmão*, enfim uma constelação de delícias que consegue encantar ou agradar a todos seus bem quistos convidados e amigos. E detalhe funcional: tais receitas podem ser preparadas com certa antecedência, e, bem acondicionadas em papel isolante, mantidas em baixa temperatura, são capazes de resistir com toda a jovialidade, até o momento de servir – e, assim, permitir que os anfitriões estejam relax e se divirtam tanto quanto os comensais.

Agora só falta providenciar as bebidas, polir as taças e cuidar dos retoques finais, tudo em nome do acolhimento perfeito. E então somar mais alguns pontos no seu "livro de virtudes". Afinal, é sempre bom lembrar que *Comemorar é preciso!*

Sumário

Patê de damasco

Ingredientes:
1 xícara (chá) de damasco desidratado
¾ de xícara (chá) de vinho branco
1 embalagem de cream cheese Philadelphia
¼ de xícara (chá) de nozes picadas grosseiramente
sal a gosto
pimenta-do-reino a gosto
1 xícara (chá) de água

Modo de preparo:
Corte os damascos em cubos pequenos e, em uma panela, reidrate com vinho branco em fogo baixo até ficarem macios. Quando o damasco estiver quase seco, reserve junto com o vinho do cozimento restante. No processador, junte os damascos, o vinho do cozimento, o cream cheese Philadelphia, sal, pimenta e a água. Bata bem até ficar homogêneo. Passe para uma tigela e adicione as nozes, misturando bem. Reserve em refrigerador por, pelo menos, 1 hora e sirva gelado.

Rendimento: 4 porções
Tempo de preparo: 20 minutos
Tempo de refrigeração: 1 hora
Sugestões de acompanhamento: queijos de sabor intenso, cesta de pães ou rap10 torrado.

Alichela

Ingredientes:
100ml de azeite
¾ de xícara (chá) de salsa picada
6 filés de aliche em conserva
3 dentes de alho grandes
½ cebola
sal a gosto
pimenta-do-reino a gosto

Modo de preparo:
No liquidificador, adicione o azeite, a salsa, o aliche, o alho, a cebola e bata até formar uma pasta. Tempere com sal e pimenta. Sirva em temperatura ambiente.

Rendimento: 4 porções
Tempo de preparo: 15 minutos
Sugestões de acompanhamento: rap10 torrados, cestas de pães e saladas.

Homus

Ingredientes:
500g de grão-de-bico
½ xícara (chá) de azeite
suco de 2 limões
sal a gosto
pimenta-do-reino a gosto
hortelã para decorar

Modo de preparo:
Coloque água para ferver e cozinhe o grão-de-bico por cerca de 45 minutos em panela de pressão ou por 1 hora e meia em panela normal, até que fique macio. Em um processador, adicione o grão-de-bico, ainda quente, junto com o azeite, o suco limão e tempere com sal e pimenta-do-reino. Reserve em refrigerador por, pelo menos, 2 horas. Sirva frio, com um ramo de hortelã para decorar.

Rendimento: 4 porções
Tempo de preparo: 2 horas
Tempo de refrigeração: 2 horas
Sugestões de acompanhamento: rap10 torrado ou cesta de pães.

Dip de salsa jalapeño

Ingredientes:
1 tomate picado sem sementes
½ cebola roxa
1 dente de alho
1 colher (sopa) de azeite
1 jalapeño verde
2 colheres (sopa) de coentro
sal a gosto
½ embalagem cream cheese Philadelphia

Modo de preparo:
Em um liquidificador, bata o tomate, a cebola, o alho e o azeite até obter uma pasta. Pique o jalapeño finamente e adicione à pasta junto com o coentro picado. Acerte sal e junte o cream cheese Philadelphia. Reserve em um refrigerador.

Rendimento: 4 porções
Tempo de preparo: 10 minutos
Tempo de refrigeração: 1 hora
Sugestões de acompanhamento: cesta de pães, tortilhas de milho ou cestinhas de rap 10.

Manteiga New York
(Manteiga com sálvia, salsa e alho)

Ingredientes:
1 tablete de manteiga sem sal (200g)
3 colheres (sopa) de salsa
2 colheres (sopa) de sálvia
4 dentes de alho picados
sal a gosto
pimenta-do-reino a gosto

Modo de preparo:
Deixe a manteiga amolecer naturalmente fora da geladeira. Pique a salsa e a sálvia finamente. Assim que a manteiga estiver em temperatura ambiente, adicione a salsa, a sálvia, o alho, sal, pimenta e misture. Coloque a mistura em um filme plástico e feche na forma de uma bisnaga. Leve ao refrigerador por, no mínimo, 2 horas.

Rendimento: 4 porções
Tempo de preparo: 15 minutos
Tempo de refrigeração: 2 horas
Sugestões de acompanhamento: rap10 torrados, mini hambúrguer, tiras de filet mignon ou cesta de pães.

Patê de amêndoas aromatizado com conhaque

Ingredientes:
3 colheres (sopa) de amêndoas em lâminas
1 embalagem de cream cheese Philadelphia
1 colher (sopa) de conhaque
1 colher (sopa) de azeite
sal a gosto
pimenta-do-reino a gosto

Modo de preparo:
Coloque as amêndoas em uma frigideira, em fogo baixo, mexendo constantemente até que estejam torradas e levemente douradas.
Em uma tigela, adicione o cream cheese Philadelphia, as amêndoas torradas, o conhaque e o azeite. Tempere com sal e pimenta-do-reino e leve ao refrigerador por 1 hora.

Rendimento: 4 porções
Tempo de preparo: 10 minutos
Tempo de refrigeração: 1 hora
Sugestões de acompanhamento: rap10 torrado ou cesta de pães.

Garlic Philadelphia

Ingredientes:
4 dentes de alho
2 colheres (sopa) de salsa
2 colheres (sopa) de azeite
1 embalagem de cream cheese Philadelphia
1 pitada de pimenta caiena em pó
sal a gosto

Modo de preparo:
Pique finamente o alho e a salsa. Em uma panela, doure o alho com o azeite em fogo baixo para não queimar. Retire a panela do fogo e reserve. Em uma tigela, coloque o cream cheese Philadelphia, o alho dourado, o azeite da fritura, a pimenta caiena, sal e misture bem.

Por último, adicione a salsa e misture novamente. Mantenha no refrigerador por, no mínimo, 1 hora.

Rendimento: 4 porções
Tempo de preparo: 10 minutos
Tempo de refrigeração: 1 hora
Sugestões de acompanhamento: rap10 torrados ou torradas com ervas finas.

Patê de cogumelo Paris

Ingredientes:
1 colher (sopa) de azeite
½ dente de alho picado
200g de cogumelo paris picado grosseiramente
3 colheres (sopa) de molho de soja
4 colheres (sopa) de cebolinha picada
1 embalagem de cream cheese Philadelphia

Modo de preparo:
Em uma frigideira, aqueça o azeite e acrescente o alho e o cogumelo paris grosseiramente picado. Quando o cogumelo ficar macio, adicione o molho de soja e a cebolinha. Retire do fogo e misture o cream cheese Philadelphia até ficar homogêneo. Reserve na geladeira por pelo menos 2 horas. Sirva frio.

Rendimento: 4 porções
Tempo de preparo: 30 minutos
Tempo de refrigeração: aproximadamente 2 horas
Sugestões de acompanhamento: rap10 torrado, cesta de pães ou torradas.

Maionese sem ovo

Ingredientes:
1 xícara (chá) de leite desnatado
3 dentes de alho
1 colher (chá) de sal
pimenta-do-reino a gosto
1 e ½ xícara (chá) de óleo, aproximadamente

Modo de preparo:
Em um liquidificador, adicione o leite, o alho, o sal e pimenta. Em velocidade baixa, bata a mistura e coloque o óleo em fio, bem devagar, para dar a consistência cremosa. Quando perceber que o leite engrossou, desligue o liquidificador e passe para um recipiente. Reserve em refrigerador por pelo menos 2h para melhorar sua consistência. Sirva frio.

Rendimento: 6 porções
Tempo de preparo: 8 minutos
Tempo de refrigeração: 2 horas
Sugestões de acompanhamento: rap10 torrado ou tiras de frango empanado.

Dip de blue cheese

Ingredientes:
150g de queijo gorgonzola
1 xícara (chá) de creme de leite
2 colheres (sopa) de castanha-do-Pará triturada
sal a gosto
pimenta-do-reino a gosto

Modo de preparo:
Em uma panela, coloque o gorgonzola picado grosseiramente, o creme de leite e leve ao fogo baixo, mexendo constantemente até ficar homogêneo. Retire do fogo e adicione a castanha, sal e pimenta. Leve ao refrigerador por 2 horas.

Rendimento: 6 porções
Tempo de preparo: 15 minutos
Tempo de refrigeração: 2 horas
Sugestões de acompanhamento: tiras de rap10 torradas, cestas de pães ou carne vermelha.

Molho americano

Ingredientes:
4 colheres (sopa) de maionese
2 colher (sopa) de catchup
1 colher (sopa) de molho inglês
1 colher (sopa) de páprica picante
1 dente de alho picado
sal a gosto

Modo de preparo:
Em uma tigela, junte a maionese, o catchup, o molho inglês, a páprica picante e o alho. Acerte o sal. Reserve em um refrigerador e sirva frio. Para servir, salpique por cima a páprica picante em pó.

Rendimento: 4 porções
Tempo de preparo: 10 minutos
Tempo de refrigeração: 2 horas
Sugestões de acompanhamento: iscas de carne, mini hambúrgueres ou rap10.

Fegatini
(Patê de fígado)

Ingredientes:
½ tablete de manteiga sem sal
12 folhas de sálvia fresca
½ cebola
2 colheres (sopa) de alcaparras
4 colheres (sopa) de azeite
200g de fígado de frango
½ xícara (chá) de vinho tinto seco
sal a gosto
pimenta-do-reino a gosto

Modo de Preparo:
Mantenha a manteiga gelada. Pique finamente a sálvia, a cebola e as alcaparras. Em uma panela, aqueça o azeite e frite o fígado rapidamente, para que fique ligeiramente rosado no centro. Retire e reserve o fígado. Adicione a cebola, as alcaparras, a sálvia e mexa, em fogo baixo, por 1 minuto. Retorne o fígado para a panela e adicione o vinho tinto, mexendo até quase evaporar. Desligue o fogo, tempere com sal e pimenta e bata a mistura no processador. Adicione a manteiga gelada na mistura ainda quente para dar cremosidade. Mantenha a mistura na geladeira por, no mínimo, 1 hora.

Rendimento: 4 porções
Tempo de Preparo: 20 minutos
Tempo de Refrigeração: 1 hora
Sugestões de acompanhamento: tortilhas de rap10 ou torradas.

Molho de pimenta agridoce

Ingredientes:
1 xícara (chá) de água
1 xícara (chá) de vinagre
de vinho branco
6 colheres (sopa) de açúcar
4 dentes de alho picados
2 colheres (café) de gengibre ralado
8 unidades de pimenta dedo-de-moça
1 colher (sopa) de extrato
de tomate
2 colheres (sopa) de molho inglês
2 colheres (sopa) de colorífico
2 colheres (sopa) de amido de milho
sal a gosto

Modo de preparo:
Em uma panela, adicione a água, o vinagre e leve ao fogo baixo até formar bolhas no fundo da panela. Adicione o açúcar, o alho, o gengibre, a pimenta, o extrato, o molho inglês e o colorífico. Cozinhe por cerca de 3 minutos. Coe o molho e retorne ao fogo baixo. Dissolva o amido de milho em duas colheres (sopa) de água e adicione, aos poucos, misturando sempre, até engrossar. Tempere com sal e sirva em temperatura ambiente.

Rendimento: 4 porções
Tempo de preparo: 25 minutos
Sugestões de acompanhamento: queijos de sabor intenso, iscas de frango empanado.

Patê de cenoura e ervas finas

Ingredientes:
200g de cenoura
2 dentes de alho finamente picados
1 colher (sopa) de azeite
5 colheres (sopa) de maionese
1 colher (sopa) de suco de limão
1 colher (sopa) de ervas finas picadas
sal a gosto
pimenta-do-reino a gosto

Modo de preparo:
Cozinhe a cenoura com água até que fique macia, passe-a por uma peneira, fazendo um purê, e reserve. Frite o alho rapidamente com o azeite, para liberar o aroma, tomando cuidado para não queimar. Em uma tigela, adicione o purê de cenoura, o alho frito com o azeite, a maionese, o suco de limão e as ervas finas. Tempere com sal e pimenta e leve ao refrigerador por, no mínimo, 2 horas.

Rendimento: 4 porções
Tempo de preparo: 30 minutos
Tempo de refrigeração: 2 horas
Sugestões de acompanhamento: rap10 torrado, cesta de pães ou torradas.

Dip de azeitonas e rúcula

Ingredientes:
2 colheres (sopa) de azeitona preta sem caroço
1 colher (sopa) de tomate seco
15 folhas de rúcula
2 colheres (sopa) de azeite
½ colher (sopa) de orégano
1 embalagem de cream cheese Philadelphia
sal a gosto
pimenta-do-reino a gosto

Modo de preparo:
No liquidificador, junte as azeitonas, o tomate seco, a rúcula, o azeite e bata até obter uma pasta. Passe para uma tigela, junte o orégano, o cream cheese Philadelphia, sal e pimenta. Reserve em refrigerador e sirva em temperatura ambiente.

Rendimento: 4 porções
Tempo de preparo: 8 minutos
Sugestões de acompanhamento: rap10 torrados ou cestas de pães.

Manteiga mexicana

Ingredientes:
2 tabletes de manteiga sem sal (400g)
1 cebola finamente picada
2 dentes de alho finamente picados
2 colheres (sopa) de gengibre ralado
2 colheres (café) de cardamomo em pó
2 colheres (café) de pimenta calabresa
2 colheres (café) de cominho em pó
2 colheres (café) de coentro picado

Modo de preparo:
Deixe a manteiga em temperatura ambiente até amolecer. Reserve. Em uma panela, derreta totalmente a manteiga, adicione a cebola, o alho, o gengibre, o cardamomo, a pimenta calabresa e o cominho. Refogue no fogo baixo até que a cebola e o alho murchem. Retire do fogo e adicione o coentro. Passe para um liquidificador e bata até que fique homogêneo. Reserve na geladeira por, pelo menos, 4h ou até a mistura endurecer. Sirva frio.

Rendimento: 8 porções
Tempo de preparo: 15 minutos
Tempo de refrigeração: 4 horas
Sugestões de acompanhamento: rap10 torrado, cesta de pães ou torradas.

Guacamole clássica

Ingredientes:
1 abacate
1 tomate sem sementes cortado em cubos
½ cebola roxa picada
suco de ½ limão
4 colheres (sopa) de azeite
1 colher (sopa) de coentro picado
sal a gosto
pimenta-do-reino a gosto

Modo de preparo:
Retire toda a polpa do abacate e, em uma tigela, amasse com um garfo. Adicione o tomate, a cebola, o limão e o azeite. Misture bem até que o abacate incorpore todos os ingredientes. Finalize com o coentro e acerte sal e pimenta. Reserve no refrigerador e sirva gelado.

Rendimento: 6 porções
Tempo de preparo: 10 minutos
Tempo de refrigeração: 2 horas
Sugestões de acompanhamento: tortilhas de milho ou torradas.

Patê de queijo brie com pimenta

Ingredientes:
200g de queijo brie
200g de creme de leite
¼ de xícara (chá) de vinho branco seco
sal a gosto
pimenta-do-reino a gosto
1 frasco de geleia de pimenta

Modo de preparo:
Descarte a casca do queijo brie e corte-o em cubos pequenos. Em uma panela média, em fogo baixo, adicione o creme de leite e o queijo, mexendo constantemente até o queijo derreter. Adicione o vinho branco e misture no fogo baixo por cerca de 1 minuto. Tempere com sal e pimenta. Leve para o refrigerador por, no mínimo, 2 horas. Sirva o patê com geleia de pimenta.

Rendimento: 6 porções
Tempo de preparo: 30 minutos
Tempo de refrigeração: 2 horas
Sugestões de acompanhamento: rap10 torrado ou tortilhas de milho.

Dip de curry

Ingredientes:
2 potes de cream cheese Philadelphia (300g)
2 colheres (sopa) de curry em pó
1 colher (sopa) de páprica picante
2 colheres (sopa) de azeite
6 colheres (sopa) de cebolinha picada
sal a gosto
pimenta a gosto

Modo de preparo:
Em uma tigela, junte o cream cheese, o curry, a páprica e o azeite. Misture até homogeneizar. Adicione a cebolinha picada e tempere com sal e pimenta. Leve ao refrigerador por, no mínimo, 2 horas.

Rendimento: 4 porções
Tempo de preparo: 10 minutos
Tempo de refrigeração: 2 horas
Sugestões de acompanhamento: camarões salteados no azeite, iscas de porco empanadas ou torradinhas.

Salmonejo

Ingredientes:
2 tomates
1 dente de alho
suco de 1 limão
3 colheres (sopa) de manjericão
sal a gosto
pimenta-do-reino a gosto
½ xícara (chá) de farinha de rosca

Modo de preparo:
Corte os tomates de forma grosseira, junte o alho, o limão, o manjericão e bata no liquidificador até ficar homogêneo. Tempere com sal e pimenta. Adicione a farinha de rosca lentamente, mantendo o liquidificador ligado na velocidade mínima, para não empelotar. Sirva frio.

Rendimento: 4 porções
Tempo de preparo: 15 minutos
Tempo de refrigeração: Para servir frio, 2 horas
Sugestões de acompanhamento: pães torrados, saladas ou canapés de rap10.

Manteiga asiática
(Manteiga com gengibre e mel)

Ingredientes:
2 tabletes de manteiga sem sal (400g)
5 colheres (sopa) de mel
1 colher (café) de gengibre em pó
sal a gosto
pimenta-do-reino para decorar

Modo de preparo:
Separe a manteiga até que ela atinja a temperatura ambiente. Em uma batedeira, coloque a manteiga e, em velocidade baixa, adicione lentamente o mel e o gengibre em pó. Acerte o sal. Reserve no refrigerador por, pelo menos, 2 horas.

Rendimento: 8 porções
Tempo de preparo: 15 minutos
Tempo de refrigeração: 2 horas
Sugestões de acompanhamento: iscas de filet mignon, rap10 torrados na hora e camarões grelhados.

Philadelphia com parma picante

Ingredientes:
1 colher (sopa) de azeite
50g de presunto Parma
1 embalagem de cream cheese Philadelphia
½ colher (sopa) de pimenta caiena em pó
½ colher (sopa) de mostarda

Modo de preparo:
Aqueça o azeite em uma frigideira e corte o presunto Parma em fatias finas. Frite levemente o presunto Parma no azeite e reserve. Em uma tigela, coloque o cream cheese Philadelphia, o presunto Parma, a pimenta caiena e a mostarda. Misture bem. Reserve em refrigerador por, pelo menos, 2 horas.

Rendimento: 4 porções
Tempo de preparo: 20 minutos
Tempo de refrigeração: 2 horas
Sugestões de acompanhamento: tiras de frango, cesta de pães ou rap10 em forma de tortilhas.

Coalhada seca

Ingredientes:
3 copos de iogurte natural de consistência firme
sal a gosto
pimenta-síria a gosto
3 colheres (sopa) de azeite
suco de limão a gosto

Modo de preparo:
Coloque o iogurte dentro de um coador de café ou saco de pano. Deixe descansar dentro da geladeira de um dia para o outro para eliminar o soro. Em uma travessa, coloque o iogurte sem o soro e tempere com sal, pimenta-síria, o azeite e suco de limão. Deixe na geladeira até a hora de servir.

Rendimento: 4 porções
Tempo de preparo: 24 horas
Sugestão de acompanhamento: pão sírio, rap10 ou torradas.

Mousse de mascarpone

Ingredientes:
200g de queijo mascarpone
¼ de xícara (chá) de nozes picadas
1 colher (sopa) de hortelã picada
sal a gosto
½ envelope de gelatina incolor em pó (6g)
1 clara em neve

Modo de preparo:
Em uma tigela, misture o queijo mascarpone, as nozes, a hortelã e sal. Hidrate a gelatina em cinco colheres (sopa) de água e leve ao micro-ondas por 30 segundos para dissolver. Junte a gelatina ao creme e misture bem. Bata as claras em neve e incorpore-as ao creme, delicadamente. Coloque a mousse em formas individuais e leve à geladeira por 2 horas para firmar.

Rendimento: 8 porções
Tempo de preparo: 20 minutos
Tempo de refrigeração: 2 horas
Sugestões de acompanhamento: geleia de gengibre, pão e rap 10 torrado.

Caponata

Ingredientes:
2 berinjelas médias
1 abobrinha grande
1 cebola média
½ pimentão vermelho
2 tomates sem sementes
½ xícara (chá) de nozes
200ml de azeite de oliva
½ xícara (chá) de uvas-passas brancas
½ xícara (chá) de uvas-passas pretas
sal a gosto
pimenta-do-reino a gosto

Modo de preparo:
Corte as berinjelas, a abobrinha, a cebola e o pimentão em pedaços de aproximadamente 2 cm de comprimento. Corte os tomates em cubos e, por fim, quebre as nozes em pedaços pequenos. Espalhe o azeite em uma assadeira de borda alta, coloque as berinjelas, a abobrinha, a cebola e o pimentão e asse por 60 minutos em forno médio, mexendo de vez em quando para manter tudo em contato com o azeite. Adicione os tomates, as nozes, as uvas-passas, sal, pimenta e misture bem. Volte ao forno por mais 30 minutos. Resfrie e sirva com torradas.

Rendimento: 6 porções
Sugestões de acompanhamento: rap10, torradas, cesta de pães.

Dip de salmão

Ingredientes:
100g de salmão defumado
1 embalagem de cream cheese Philadelphia
1 colher (sopa) de alcaparras
sal a gosto
pimenta-do-reino a gosto
1 colher (sopa) de dill picado

Modo de preparo:
No processador de alimentos, adicione o salmão, o cream cheese, as alcaparras e triture até virar uma pasta cremosa. Tempere com sal e pimenta. Acrescente o dill e misture delicadamente. Mantenha no refrigerador até a hora de servir.

Rendimento: 4 porções
Tempo de preparo: 10 minutos
Tempo de refrigeração: 1 hora
Sugestões de acompanhamento: rap10 torrados ou pães de grãos.

EDITORA BOCCATO

Cook Lovers

Rua dos Italianos, 845 — Bom Retiro — Cep 01131-000
São Paulo — SP — Brasil — (11) 3846-5141
contato@boccato.com.br
www.boccato.com.br — www.cooklovers.com.br

Edição: André Boccato

Coordenação administrativa: Maria Aparecida C. Ramos

Assistente administrativo: Danilo Istvan

Cozinha experimental: Aline Maria Terrassi Leitão / Otávio Rigonato / Daniel Borges / Vinícius de Oliveira

Fotografias: Estúdio Boccato — Cristiano Lopes

Produção fotográfica: Otávio Rigonato / Daniel Borges / Vinícius de Oliveira

Coordenação de produção: Arturo Kleque Gomes Neto

Diagramação: Liliana Fusco Hemzo

Revisão de textos: Julie Anne Caldas — Top Texto

Marketing: Joseane Cardoso

Diretor comercial: Marcelo Nogueira

Colaboração: Carla Mariano / Dorian Calado / Fábio Pereira / Luis Henrique / Maria do Carmo Felix / Marina Carmona

Dados Internacionais de Catalogação na Publicação (CIP)
(Câmara Brasileira do Livro, SP, Brasil)

Boccato, André
Entradinhas : receitas para receber amigos / André Boccato & Equipe Cooklovers . -- São Paulo : Boccato, 2012. -- (Atelier das receitas)

1. Receitas 2. Entradinhas (Culinária) I. Equipe Cooklovers. II. Título. III. Série.

12-01175 CDD-641.6318

Índices para catálogo sistemático:

1. Entradinhas : Receitas : Culinária 641.6318